W0070379

Norbert Hoffmann

Der kleine Esel August

Norbert Hoffmann

Der kleine Esel August

und andere Geschichten
zur Advents- und Weihnachtszeit

Mit Illustrationen
von Manfred Boiting

Verlag Butzon & Bercker Kevelaer

Die Deutsche Bibliothek – CIP-Einheitsaufnahme

Hoffmann, Norbert:
Der kleine Esel August und andere Geschichten zur
Advents- und Weihnachtszeit / Norbert Hoffmann.
Mit Ill. von Manfred Boiting. – Kevelaer: Butzon und
Bercker, 1994
  ISBN 3-7666-9906-7

ISBN 3-7666-9906-7

© 1994 Verlag Butzon & Bercker D-47623 Kevelaer
Alle Rechte vorbehalten
Umschlaggestaltung: Manfred Boiting
Satz: Typo Schröder, Dernbach
Druck und Bindung:
Bercker Graphischer Betrieb GmbH, Kevelaer

Inhalt

Ein Wort,
bevor du zu lesen beginnst

Ich vermute, du hast dieses Buch geschenkt bekommen von irgend jemandem, der dich gern hat, der dir eine Freude machen wollte und der dich auf etwas aufmerksam machen möchte.

Auf was? Nun, ich will nicht alles vorwegnehmen, was du in den Geschichten entdecken wirst. Ich will dich nur ein wenig neugierig machen.

Da gibt es den kleinen Esel August, der die beiden Geschwister Tim und Lisa durch die Advents- und Weihnachtszeit begleitet. August ist ein Stofftier, und er kann die Ohren hochstellen und noch vieles mehr. Zusammen mit Lisa und Tim besteht August viele Abenteuer.

(Übrigens: 1991 wurden die Geschichten vom Esel August zum ersten Mal abgedruckt, und zwar im Essener Adventskalender. Zwei Wochen später waren in der Stadt Essen alle Stoffesel ausverkauft.)

Und dann sind da noch Mehmed, Ali, Nada, Haldun, Tino, Maurizio, Giulia, Benjamin und Rut – ausländische Kinder und Jugendliche, die hier bei uns leben oder denen wir in ihrer Heimat begegnen. Das Besondere an ihren Geschichten ist, daß es gar nichts Besonderes ist, wenn deutsche Kinder ausländische Kinder als Freunde haben. Das ist ganz normal.

Ja, und auf Jesus wollen die Geschichten schließlich neugierig machen. Vielleicht kommst du beim Lesen auf den Gedanken, daß alle Kinder, die mit Jesus zu tun haben, auch gut mit Ausländern umgehen. Immerhin war ja auch der heilige Nikolaus ein Türke, der heilige Franziskus ein Italiener und Jesus ein Jude.

Nun, bist du jetzt richtig neugierig? Dann fang einfach an zu lesen!

Norbert Hoffmann

Zuckerfest und Weihnachtsbaum

Eigentlich hatte ich das Zuckerfest schon längst vergessen; es war auch schon im Juli. Aber vorgestern wurde ich durch eine ganz häßliche Sache wieder daran erinnert.

Als wir aus der Schule kamen, stieß mich Rainer an: „Du, guck mal da! Da steht was auf der Wand!"

Ich sah hin und entdeckte auf der Rückwand unserer Schule eine große schwarze Schrift: „Türken raus!!!" Ich drehte mich um und sagte zu Rainer: „Mensch, das darf Mehmed unter keinen Umständen sehen!" (Mehmed war ein türkischer Junge in unserer Klasse, mit dem wir uns ganz gut verstanden. Wenn er nicht so schwarze Haare hätte, würde man gar nicht merken, daß er ein Türke ist. Deutsch spricht er wenigstens ebenso gut wie wir.)

Rainer und ich liefen schnell zum Schuleingang und konnten Mehmed gerade noch abfangen. Dann verwickelten wir ihn in ein Gespräch und lotsten ihn auf einem anderen Weg so an der Schule vorbei, daß er diesen schrecklichen Satz nicht zu sehen bekam.

„Eigentlich war das ja Blödsinn, was wir gemacht haben", meinte Rainer, nachdem wir uns von Mehmed verabschiedet hatten.

„Wieso Blödsinn?" fragte ich. „Sollte Mehmed den Satz da denn vielleicht sehen und sich dann ärgern?"

„Ja, aber glaubst du denn, daß sonst nirgendwo so'n dummes Zeug an die Wände geschmiert ist? Irgendwann wird Mehmed das sowieso lesen!"

„Vielleicht hast du recht", antwortete ich, „aber irgend etwas müssen wir doch für den Mehmed tun; er ist doch so ein netter Kerl. Und weißt du noch, als wir im Sommer bei Mehmed zu Hause eingeladen waren, als sie das Zuckerfest feierten?"

„Ja, sicher, da wußten wir doch vorher gar

nicht, ob wir da hingehen sollten. Mensch, hatten wir da Muffe! Null Ahnung von den Türken und was die so machen!"

„Wir haben uns doch damals erkundigt, was das überhaupt ist, ein ‚Zuckerfest', und Mehmed hat uns erzählt, das sei ein Fest, das zum Ende des Ramadan gefeiert wird, das ist eine Fastenzeit der Moslems, die über einen Monat dauert und in der sie von Sonnenaufgang bis Sonnenuntergang nichts essen dürfen."

„Wir haben das doch damals daran gemerkt, daß der Mehmed in der ganzen Zeit keine Butterbrote in der Schule aß!"

Den ganzen Heimweg erzählten wir von den leckeren Süßigkeiten, die es bei Mehmeds Familie zum Zuckerfest gegeben hatte. Die Musik hatte uns damals nicht so gut gefallen – wir waren sie halt nicht gewöhnt! –, aber dafür war die Familie von Mehmed unheimlich nett zu uns.

Vor lauter Erzählen hatten wir gar nicht gemerkt, daß wir schon bei uns an der Haustür angekommen waren.

„Ja, wir wollten doch noch überlegen, daß wir irgend etwas für den Mehmed tun müssen", meinte Rainer.

„Ja klar", antwortete ich, „und ich habe auch schon eine Idee. Heute nachmittag gehe ich mit meinem Vater einen Tannenbaum kaufen, und danach gehen wir auf den Weihnachtsmarkt und trinken zum Schluß eine heiße Schokolade und essen heiße Waffeln. Da nehme ich Mehmed einfach mit, und du kannst ja auch mitkommen."

Rainer war begeistert: „Du, das ist eine tolle Idee. Ich hole Mehmed zu Hause ab."

Um Punkt drei schellte Rainer bei uns. Dann kam er mit Mehmed die Treppe rauf.

„Nun", sagte mein Vater, „dann wollen wir dieses Jahr einmal zu viert einen Tannenbaum kaufen!"

Kurz vor dem Weihnachtsmarkt in der Innenstadt war ein großer Platz, auf dem die Weihnachtsbäume verkauft wurden. Der Kauf war schnell gemacht: fast zwei Meter hoch und dicht bewachsen. Dann ging's auf den Weihnachtsmarkt zu einem Stand, an dem es heiße Schokolade gab.

Während Rainer, Mehmed und ich die Schokolade tranken (Vater einen Grog), fragte Mehmed: „Sagt mal, warum stellt ihr eigentlich alle an Weihnachten solch einen schönen Baum ins Wohnzimmer? Der würde doch im Garten viel besser aussehen!"

„Hast wohl null Ahnung!" antwortete Rainer. „Sollen wir denn unsere Weihnachtsfeier und die Bescherung im Garten machen? Bei der Kälte?!"

Und wir erklärten Mehmed, daß es schon viele hundert Jahre hier bei uns so üblich ist, zu Weihnachten einen Tannenbaum in die Wohnung zu holen und ihn zu schmücken.

„Übrigens", sagte ich zu Mehmed, „das ist in unserer Familie meine Aufgabe, den Weihnachtsbaum zu schmücken."

Dann erzählten wir Mehmed noch, was Weihnachten eigentlich bedeutet. Daß wir den Tannenbaum deshalb schmücken, weil wir uns darüber freuen, daß Gottes Sohn Jesus Christus geboren wurde. Und daß wir uns darum auch beschenken, um uns untereinander eine Freude zu machen.

Wir wunderten uns, daß Mehmed den Namen Jesus kannte. Er erzählte uns, daß Mohammed die Moslems lehrt, daß Jesus ein Prophet ist und daß er bei ihnen Isa heißt.

„Dann ist Weihnachten für die Christen fast genauso ein Fest wie das Zuckerfest für uns Moslems!" meinte er.

„Ja, du kannst selbst miterleben, was das für ein Fest ist und wie wir Weihnachten feiern. Du bist herzlich eingeladen, mit uns zu feiern, Mehmed", sagte Vater zu Mehmed, nachdem er die zweite Runde Schokolade bestellt hatte.

„Aber nur, wenn du mir auch beim Schmükken des Tannenbaumes hilfst!" verlangte ich halb im Scherz.

Aber Mehmed nahm das ernst: „Klar helfe ich dir. Wer feiert, der soll auch vorher arbeiten, sagt mein Vater immer."

Am Tag vor Heiligabend holte ich Mehmed zu Hause ab. Ich konnte merken, daß sein Vater ganz stolz darauf war, weil sein Sohn abgeholt wurde, und dann noch zum Tannenbaumschmücken.

Mehmeds Mutter gab uns eine Tüte mit: „Hier, noch ein paar Süßigkeiten. Die könnt ihr vielleicht auch an den Tannenbaum hängen!"

Fast eine Stunde haben wir gebraucht, Mehmed und ich, dann waren wir mit dem Weihnachtsbaum fertig.

Die Landung
des heiligen Nikolaus

Es war nun doch später geworden als geplant. Nur mit Mühe hatte ich die Stadt Bari – unten in der Hacke des italienischen Stiefels – erreicht, bevor es dunkel wurde.

Ein Quartier für die Nacht und ein gutes Essen, das ist für mich nun erst mal das Wichtigste. Dann der übliche Spaziergang durch die Stadt: Eindrücke sammeln, die Stadt auf mich wirken lassen.

Plötzlich höre ich in der Ferne Musik. Das bedeutet in diesen süditalienischen Städten immer etwas Gutes. Ganz von selbst wird mein Schritt schneller. Die Musik wird lauter. Vor mir taucht der Hafen auf. Einige Fischerboote dümpeln dort vor sich hin. Die Mole, der Platz vor dem Hafen, ist dichtgedrängt voller Menschen. Sie tragen Fackeln in den Händen. Von dort kommt auch die Musik. Ganz vorn an der Kaimauer kann ich an ihren Hüten Bischöfe erkennen, dann Priester und Männer und Frauen in Kostümen vergangener Zeiten. Alle blicken aufs Meer hinaus. Auch ich schaue dorthin und entdecke ein Fischerboot. Es ist festlich beleuchtet und bunt geschmückt. Mitten darauf steht eine Statue.

„Viva San Nicola!" rufen die Menschen.

Und die Musik spielt noch lauter.

„Was ist da los?" frage ich einen alten Mann, der neben mir auf der Mauer steht.

„Wohl ein Fremder?"

Der alte Mann nickt bedächtig.

„Kommt am Tag des heiligen Nikolaus nach Bari und weiß nicht, was hier los ist! Typisch, diese Fremden!"

„Moment", versuche ich mich zu rechtfertigen, „der Tag des heiligen Nikolaus ist doch der 6. Dezember. Und jetzt haben wir Mai!"

„Ja, richtig, Fremder. Heute ist der 8. Mai! Das ist der Vorabend des 9. Mai. Und an einem

9. Mai ist der heilige Nikolaus hierher zu uns nach Bari gekommen. Und in diesem Jahr ist ein besonderes Fest. Es ist nämlich genau 900 Jahre her, daß der heilige Nikolaus in unsere Stadt kam."

„Jetzt verstehe ich gar nichts mehr", entgegne ich. „Der Heilige heißt doch Nikolaus von Myra. Und Myra, das ist doch nicht Bari!"

Der Alte schaut mich mitleidig an, als wolle er sagen: „So viel Dummheit auf einmal kann es doch gar nicht geben!" Aber dann zieht er mich am Ärmel zu einer kleinen Wirtschaft, vor der ein paar Tische auf der Straße stehen.

„Komm, wir setzen uns dort an den Tisch!"

Ich bestelle eine Flasche Wein, und er beginnt zu erzählen.

„Der heilige Nikolaus wurde ungefähr um 245/250 in Patara in Kleinasien – da liegt heute die Türkei – geboren. Etwa um 285 wurde er Bischof von Myra. Dort starb er im Jahre 326 und wurde in der Bischofskirche begraben.

Viele Jahre später eroberten die Türken Myra. Sie zerstörten die ganze Stadt, auch die Bischofskirche, in der Nikolaus begraben war.

761 Jahre nach dem Tod des Bischofs Nikolaus – im März des Jahres 1087 – verließen drei Schiffe mit Getreide den Hafen von Bari. Sie wollten in Kleinasien Handel treiben. Aber aus dieser Handelsfahrt wurde nichts. Die Männer aus Bari erfuhren nämlich, daß Seeleute aus Venedig unterwegs waren, um aus der Stadt Myra den Leichnam des heiligen Nikolaus nach Venedig zu holen.

Die Stadt Myra lag ganz in der Nähe. Dorthin fuhren die Männer aus Bari. Sie fanden den Leichnam des Heiligen, brachten ihn aufs

Schiff und fuhren zurück nach Bari. Am 9. Mai des Jahres 1087 trafen sie abends in Bari ein. Wie ein Lauffeuer sprach sich diese Nachricht in der Stadt herum. Die Menschen strömten zusammen, so wie jetzt hier im Hafen. Alle wollten sie den heiligen Nikolaus empfangen."

„Und das spielt ihr heute nach?" frage ich den alten Mann.

„Ja, natürlich. Jedes Jahr am 9. Mai feiern wir die Ankunft des heiligen Nikolaus. In diesem Jahr besonders feierlich. Heute morgen haben wir die Statue des Heiligen in einer Prozession von der Basilika durch die ganze Stadt bis zum Hafen getragen. Dort haben wir einen festlichen Gottesdienst gefeiert. Dann wurde der Heilige auf ein Fischerboot gebracht, das mit ihm aufs Meer hinausfuhr. Und jetzt, jetzt kommt der heilige Nikolaus wieder an Land. Laß uns schnell hinüberlaufen, damit wir das richtig miterleben können!"

„Halt!" rufe ich. „Was passiert denn weiter?"

„Wirst du gleich selbst erleben!"

„Ja, aber morgen und in den nächsten Tagen?"

Der alte Mann bleibt stehen und sagt nur ganz

kurz in Stichworten: „Morgen ist Festgottes-
dienst in der Basilika mit vielen Bischöfen.
Am 11. Mai geht die Prozession von der Piazza
Mercantile zur Bischofskirche. Und am 31. Mai
tragen wir den heiligen Nikolaus in unserer
Prozession zurück zur Basilika San Nicola."
Ich versuche, meinem Fremdenführer zu folgen. Aber schon habe ich ihn in der Men-
schenmenge aus den Augen verloren. Dann
beginnt ohrenbetäubender Lärm. Mit alten
Kanonen wird dem heiligen Nikolaus Salut ge-

schossen. Während die Statue vom Schiff an Land getragen wird, beginnt die Blaskapelle wieder aus Leibeskräften zu blasen. Dann geht die Prozession los.

Überall sind die Häuser mit Fahnen, Girlanden und Pechfackeln geschmückt. Dichtgedrängt stehen die Menschen am Weg. Eine ungeheuer lange Prozession zieht an mir vorbei. Auf einem gewaltigen Traggestell ist die Statue des heiligen Nikolaus befestigt. Sie wird von wenigstens 20 jungen Männern getragen.

Aber es ist alles irgendwie anders als bei uns. Mir ist das schon bei der Musik aufgefallen. Sie hat einen viel schnelleren Takt als bei unseren Prozessionen. Die Träger laufen daher in einer Art schwingendem Tanzschritt durch die Straßen und Gassen.

Immer wieder kürze ich den Prozessionsweg ab. So kann ich den Heiligen wenigstens zehnmal sehen.

Es wurde spät in dieser Nacht des heiligen Nikolaus. Denn die Menschen in Bari feierten die Heimkehr ihres Heiligen. An Schlaf war sowieso nicht zu denken; da feierte man besser mit.

Du bist doch unser Gast ...!

Das kleine Fährschiff zwischen Gelibolu und Lapseki schaukelte auf den Wellen wie eine Nußschale. Mit unserem vollgepackten VW-Bulli und dem Eselskarren hatte es fast schon zu viel geladen. Eine halbe Stunde Fahrt über die Meerenge zwischen dem europäischen und dem asiatischen Teil der Türkei und eine halbe Stunde Angst um unseren Bulli.

Endlich legte das Boot in Lapseki an. Fast andächtig betraten wir zum ersten Mal den Boden Asiens. Direkt an der Anlegestelle standen drei junge Männer. Sie winkten uns zu. Das mußten unsere türkischen Freunde sein! Schon seit ein paar Jahren hatten wir mit ihnen eine Brieffreundschaft. Die drei – Haldun, Ali und Mehmed – hatten am deutschen Gymnasium von Istanbul die Schule besucht. Hier in Lapseki waren wir verabredet. Drei Wochen lang wollten wir mit ihnen unterwegs sein und ihre Heimat – die Türkei – kennenlernen.

Die drei luden ihr Gepäck auf den Dachgepäckträger und stiegen zu uns in den Bulli. Heute fuhren wir nicht mehr weit; eine halbe Stunde etwa, dann suchten wir uns ein schönes Plätzchen am Strand, wo wir unsere Zelte für die Nacht aufbauten. Gerade wollten wir damit beginnen, das Abendessen zu bereiten, da bat uns Haldun, wir sollten uns erst einmal in einen Kreis setzen. Dann holte Ali aus seinem Rucksack ein großes, rundes Brot und eine Tüte. Sie gingen in unserem Kreis herum und brachen jedem von uns ein Stück von dem Brot ab. Aus der Tüte streuten sie etwas Salz auf das Brot.

Die drei setzten sich zu uns in den Kreis, und Mehmed sagte: „Ihr seid aus Deutschland hierher in unsere Heimat gekommen. Wir haben mit euch das Brot gebrochen und Salz dazugegeben. Das ist ein alter Brauch unserer Heimat. Mit wem wir Brot und Salz essen, der ist unser Gast. Alles, was uns gehört, gehört auch euch.

24

Solange ihr bei uns seid, werden wir euch beschützen!" Und dann fügte er hinzu: „Salem
allejkum!"

„Salem allejkum!" murmelten wir etwas über-
rascht zurück.

Fast irgendwie feierlich aßen wir nun zusammen im Kreis das Brot mit dem Salz. Das war
kein gewöhnliches Essen, mehr so eine Art
Feier. Ich jedenfalls fühlte das so.

Drei Wochen lang waren wir zusammen in der
Türkei unterwegs. Und drei Wochen lang durf-
ten wir die Gastfreundschaft unserer türkischen Freunde erfahren.

Es gab keine Nachtwache, wo nicht einer von
ihnen mit uns wachte – insgesamt wachte bestimmt jeder dreimal so lange wie wir. Wenn
wir in einem Basar einkauften, konnte uns
kein Händler übers Ohr hauen, denn Mehmed,
Haldun oder Ali waren ja bei uns.

An einem Abend hatten wir vergessen, Essen
einzukaufen. Wir waren immer noch dabei, einen Schuldigen zu suchen, da war Ali schon
längst unterwegs und besorgte Brot im nächsten Dorf. Das war über vier Kilometer ent-
fernt.

In Istanbul waren wir zu Gast in den Wohnungen unserer Freunde. Erst viel später haben wir erfahren, daß die Eltern und Geschwister während dieser Zeit auf dem Fußboden geschlafen haben. Wenn wir etwas besichtigten, blieb selbstverständlich einer unserer türkischen Freunde beim Bulli, um ihn zu bewachen. Und als ich Haldun zu verstehen gab, er müsse das doch nicht alles für uns tun, antwortete er mir nur: „Ihr seid doch unsere Gäste!"

Dann waren viele Wochen vergangen. Längst waren wir wieder zu Hause. Eines Tages war ich in der heiligen Messe, und ich sah, wie der Priester vor der Kommunion das heilige Brot brach. Da sah ich wie ein Bild vor meinen Augen unseren ersten Abend in der Türkei. Haldun, Ali und Mehmed brachen das Brot und teilten es unter uns aus: „Ihr seid unsere Gäste – wir werden euch beschützen!"
Und ich erinnerte mich daran, wie sie uns drei Wochen lang ihre Gastfreundschaft bewiesen hatten.
Dann sah ich ein zweites Bild: Ich sah Jesus beim letzten Abendmahl mit seinen Jüngern

am Tisch sitzen und das Brot brechen. Er teilte es unter sie aus und sagte: „Das ist mein Leib."

Auf einmal wußte ich, warum Jesus mit seinen Jüngern zum Abschied vor seinem Tod am Kreuz ein Gastmahl feierte, warum er ihnen seinen Leib als Speise gab. Er wollte ihnen – er wollte uns seine Freundschaft beweisen.

Und er hat selbst gesagt: „Es gibt keine größere Liebe, als wenn einer sein Leben für seine Freunde hingibt."

August läßt die Ohren hängen

Fast ein Jahr ist es her, daß ich das Licht der
Welt erblickte. Nein, nicht wie ihr meint! Mo-
natelang war ich in einer dunklen Kiste einge-
sperrt. Kurz vor Weihnachten kam Bewegung
in meine Kiste. Sie wurde hin- und hergescho-
ben, hinauf- und heruntergehoben. Ein paar
Tage später sah ich über mir ein Messer auf-
blitzen. Vor Schreck zuckte ich ein wenig zusammen. Dann wurde der Deckel meiner Kiste
aufgerissen. Helles Licht flutete in mein dunk-
les Gefängnis. Kleine Kinderhände griffen in
die Kiste. An meinen schönen, langen Eselsohren zog mich ein Mädchen aus der Kiste.
„Schau nur, Tim, welch ein schöner Esel!" rief
das Mädchen. „Er hat ein weißes Maul, die
Ohrenspitzen und die Schwanzspitze sind

schwarz, und die Ohren sind innen ganz rosa. Und wie weich mein kleines Eselchen sich anfühlt!"

„Dein Eselchen?" hörte ich Tim fragen. „Ich meine, er ist ein Weihnachtsgeschenk für uns beide zusammen. Guck mal, Lisa, unser Esel, der läßt ja die Ohren hängen! Ganz bestimmt, weil du gesagt hast: ‚Mein Esel.'"

„Du spinnst", antwortete Lisa. „Als wenn ein Kuscheltier hören könnte, was wir sagen. Und als wenn er die Ohren aufrichten und hängen lassen könnte. Das ist doch kein lebendiger Esel!"

„Ja, aber einen Namen braucht er trotzdem", meinte Tim. „‚Unser Esel', wie hört sich das denn an! Und: ‚Mein Esel', das hört sich noch viel schlimmer an. Er braucht einen Namen!"

Tim legte mich wieder in die dunkle Kiste. Die beiden Kinder hatten sie auf die Seite gekippt. So konnte sie als Stall dienen. Ich richtete meine Ohren auf, damit ich alles hören konnte. Das interessierte mich schon, was sie mir für einen Namen geben wollten.

„Die werden sich noch wundern, was ich alles kann", dachte ich mir. „Die Ohren hängen las-

sen und wieder aufrichten: das ist doch eine Kleinigkeit."

Ein paar Stunden später stürmten Lisa und Tim wieder in das Zimmer. Sie weckten mich aus meinem schönsten Eselsschlaf. Ich hatte meine beiden Eselsohren über die Augen gelegt und richtig fest geschlafen. Tim hob mich aus meinem Stall.

„Jetzt habe ich einen Namen für unseren Esel", rief er. „Wir werden ihn August nennen!"

„Wie, nach dem Monat August?" fragte Lisa.
„Mensch, stell dich nicht dümmer an als du
bist! Die Betonung liegt auf ‚Au'. *Au*gust!"
„Und wieso *Au*gust?"
„Ja, hast du denn eben in der Christmette nicht
aufgepaßt? Als Jesus geboren wurde, da regier-
te in Rom der Kaiser Augustus. Da bin ich auf
die Idee gekommen: Wir nennen unseren Esel
August!"
„Keine schlechte Idee", stimmte Lisa ihrem
Bruder zu, „das muß man dir lassen. Dann
denken wir bestimmt immer daran, daß August unser Weihnachtsgeschenk ist."

Nun ist fast ein Jahr vergangen. Lisa, Tim und
ich, wir haben uns ziemlich aneinander gewöhnt. Und wie! Kaum etwas tun die beiden
ohne ihren August. Sogar in den Urlaub durfte
ich mitfahren. Das Schlauchboot mußte wieder
ausgepackt werden, damit ich noch in das Au-
to paßte. Wenn Tim sich freut, dann kommt er
zuerst zu mir und drückt mich fast zu Tode.
Wenn Lisa traurig ist, dann tropfen ihre Trä-
nen in mein Fell. Danach sieht es auch aus.
Einmal hat mich die Mutter von Lisa und Tim

in die Waschmaschine gesteckt – das war nach dem Urlaub. Ich kann euch sagen: Das war das Schlimmste in meinem ganzen Eselsleben! Noch drei Tage danach habe ich meine langen Ohren hängen lassen.

Jetzt ist bald wieder Weihnachten: mein erster Geburtstag. Ein paar Wochen schon bin ich nicht nach draußen gekommen.

„Für Esel ist das draußen zu kalt", hatte Lisa gesagt.

Und als sie mich vor ein paar Tagen mal mit-
nahm ans Fenster, da konnte ich es sehen: Alles war weiß draußen – wie von einem großen
Tuch zugedeckt. Es sah aus, als wäre alles tot.

„Sieh mal, Tim!"

Lisa schaute zu ihrem Bruder hinüber.

„Unser August läßt schon wieder seine Ohren
hängen. Ob er wohl traurig ist, weil draußen
alles so öde aussieht?"

„Kann schon sein", meinte Tim, und schon ist
er wieder in seinem Buch versunken. „Du
kannst dem August ja erklären, wie das ist mit
dem Winter und dem Frühling und dem Sommer."

„Meinst du, er versteht das?" fragte Lisa.

„Aber ja doch! Wenn der August seine Ohren
aufrichten und wieder hängen lassen kann,
dann wird er doch wohl auch verstehen, was
Winter und Frühling ist."

„August, das ist so", erklärte sie mir und kraulte mir dabei zärtlich hinter den Ohren. „Guck
mal da, an dem Baum vor unserem Haus: alle
Äste und Zweige sind schwarz. Sie sehen aus
wie tot. Aber im Frühling, da sprießt aus jedem
schwarzen Zweig ein kleiner Sproß, und der

34

ganze Baum wird grün. Heute morgen in der Kirche hat sogar der Pastor gesagt, daß die Sprossen wieder sprießen werden."

Tim hatte mit dem Lesen aufgehört. Mit großen Augen schaute er zu Lisa hin.

„Hör mal, Lisa, bist du noch ganz gescheit? Ich habe doch heute morgen fast nichts von dem verstanden, was der Pastor gesagt hat. Und da soll das ein Esel verstehen! Mit dem Sproß, der da sprießen soll. Und daß damit Jesus gemeint ist."

„Wieso?" entgegnete Lisa. „Das ist doch ganz einfach. Damals, bevor Jesus geboren wurde, da war es in der Welt ziemlich öde. Die Menschen warteten auf Jesus, so wie wir jetzt auf den Frühling warten. Das ist doch nicht schwer zu verstehen! Schau mal, das rechte Ohr von August geht langsam in die Höhe. Er ist schlauer, als du denkst."

„Heute ist der zweite Adventssonntag", hatte mir Lisa nach dem Aufstehen gesagt. „Und damit auch Esel Bescheid wissen, zünde ich jetzt die zweite Kerze am Adventskranz an."

Dann hatte die Familie gefrühstückt. Danach

waren sie in die Kirche gegangen, und ich konnte meinen Eselsschlaf fortsetzen.

Es war noch keine drei Uhr, da schellte es. Tim schaute aus dem Fenster.

„Mama, Papa … aufstehen! Oma und Opa sind da und Tante Helga und Onkel Herbert!"

Ja, da war es mit der Sonntagsruhe vorbei. Schnell wurde der Kaffeetisch gedeckt, und schon bald waren die Erwachsenen in wichtige Gespräche verwickelt.

„Papa", sagte Tim auf einmal, „ich gehe mit Lisa ein bißchen spazieren."

„August kommt auch mit", ergänzte Lisa.

Die Erwachsenen nickten nur, so sehr waren sie mit ihrem Gespräch beschäftigt.

„Und was machen wir jetzt?" fragte Lisa unten vor der Haustür.

„Ja, was machen wir nur?" fragte auch Tim.

„Ich hatte nur so die Idee, daß wir schnell vom Kaffeetisch verschwinden sollten. Das war ja stinklangweilig!"

„Aber, wenn wir nicht wissen, was wir machen sollen, dann ist es hier draußen genauso langweilig."

„Wir wollten doch immer schon mal auf die

Steinhalde klettern, damit wir unseren Stadtteil von oben sehen können", schlug Tim vor.

„Ja, aber Papa hat das doch immer verboten, und wir haben jetzt unsere Sonntagssachen an, und wir haben den August dabei!" wandte Lisa ein.

„Ach, du darfst das nicht so eng sehen", meinte Tim. „Erstens ist das schon lange her, daß Papa das verboten hat, und zweitens denkt er jetzt sowieso nicht daran. Die haben doch viel Wichtiges zu besprechen. Und im übrigen – sogar in der Kirche war heute morgen von einem Berg die Rede."

„Ja, in der Lesung, da war so ein Satz, den hab' ich überhaupt nicht verstanden", sagte Lisa. „‚Steh auf, Jerusalem, und steig auf die Höhe.‘ Jerusalem, das ist doch eine Stadt. Und wie kann eine Stadt auf einen Berg steigen?"

„Genau das meine ich doch", sagte Tim. „Wenn schon in der Bibel steht, daß eine ganze Stadt auf einen Berg steigen soll, dann dürfen doch zwei Kinder mit einem Esel bestimmt auf eine Steinhalde steigen!"

Die beiden Geschwister gingen los. Lisa trug mich unter dem Arm. Mir war gar nicht wohl bei der Sache. Aber, was will man als Stofftier schon machen? Am liebsten wäre ich ja in meiner Schlafkiste geblieben. Ich merkte, daß auch Lisa nicht mehr ganz so begeistert war. Sie ging immer langsamer.

„Mensch Lisa, kannst du nicht mehr laufen, oder was ist los?" rief Tim, der schon ein ganzes Stück vor uns war.

„Doch, ich kann schon laufen", antwortete sie. „Aber ..."

„Aber, was? Kriegst du etwa Angst?"

„Nee, nicht direkt Angst ... aber ... ich war noch nie auf einer Steinhalde."

„Du brauchst keine Angst zu haben! Erstens ist so eine Steinhalde ein ganz normaler Berg, nur daß er aufgeschüttet wurde aus den Steinen, die mit der Kohle aus der Zeche nach oben gefördert wurden; zweitens bin ich ja bei dir, und drittens hast du ja auch noch August!"

Tim kletterte schon einen kleinen Hang hoch, und da war auch bereits ein Weg. Lisa mit mir unter dem Arm schnaufend hinterher. Der Weg führte nach ganz oben. Da stand sogar eine Bank. Also war die Steinhalde für Spaziergänger erlaubt.

„Mensch, hat man hier eine Aussicht!" staunte Lisa. „August, sieh mal da unten: Da ist unser Haus."

„Ja, und da sitzen die Großen und reden und reden", fügte Tim hinzu.

Lisa hielt mich ein wenig in die Höhe, so daß ich auch unseren Stadtteil sehen konnte.

„Guck mal", sagte Lisa, „jetzt hat der August wieder die Ohren aufgerichtet."

Hatte ich auch. Das heißt, der Wind, der hier oben blies, hatte ein wenig nachgeholfen.

„Na, kleine Schwester", meinte Tim, „unser Abenteuer hat sich wohl doch gelohnt, was?"

„Wieso Abenteuer?" fragte Lisa.

„Ja nun, als wir loskletterten, da wußten wir doch nicht, ob wir es bis oben schaffen und was uns hier oben erwarten würde. Wir haben einfach das Abenteuer gewagt, und jetzt sind wir durch die schöne Aussicht auf die Stadt belohnt."

„Ja, und wir wissen jetzt auch mehr: Wir wissen, wie man auf die Steinhalde kommt, wir wissen, wie unser Haus von oben aussieht, und wir wissen auch, daß wir einen Berg schaffen können, wenn wir uns anstrengen."

Eine ganze Zeit saßen Lisa und Tim still auf
der Bank. Mich hatten sie zwischen sich gelegt
– wohl, damit ich auch verschnaufen konnte.
Tim spielte mit meinen langen Ohren.
Lisa sagte: „Du, Tim, ich hab' da mal eine
Frage."
„Dann mal los!" meinte Tim. „Wir müssen uns
gleich wieder auf den Rückweg machen."
„Ja, also … das mit dem Satz heute morgen in
der Kirche … ich meine den Satz mit dem Berg
… ach ja: ,Steh auf, Jerusalem, und steig auf
die Höhe' – diesen Satz meine ich …, könnten
mit Jerusalem nicht auch die Menschen gemeint sein?"
„Wie, die Menschen?" fragte Tim.
„Ich meine alle Menschen. Wenn Menschen
auf einen Berg klettern, dann können sie doch
besser sehen … so wie wir jetzt."

Ein Eselsschlaf ist etwas Wunderschönes! Ich
weiß von meinen Verwandten aus dem Süden,
daß vor allem der Schlaf um die Mittagszeit,
wenn die Sonne am höchsten steht – die soge-
nannte Siesta –, durch nichts zu übertreffen ist.
Allerdings ist auch der Schlaf in den Morgen-

stunden nicht zu verachten … wenn man nicht
gerade gestört wird.

„Du bist doch wohl nicht ganz gescheit!" hörte
ich Tim seine kleine Schwester anschnauzen.
„Letzten Sonntag war die ganze Verwandt-
schaft zu Besuch, und für heute nachmittag
lädst du deine Schulfreundin ein."

„Hör mal, Tim", mischte sich der Vater ein,
„du machst die ganze Stimmung durch dein
Schimpfen kaputt. Gerade erst haben wir die
dritte Adventskerze angezündet und sitzen
hier gemütlich beim Frühstück, da schimpfst
du mit deiner Schwester."

„Ist ja auch wahr!" ließ sich Tim kleinlaut ver-
nehmen.

„Was ist wahr?" fragte der Vater.

42

„Ach, das ist ganz einfach", sagte die Mutter, „in Lisas Klasse ist letzte Woche ein neues Mädchen gekommen. Die Eltern sind mit ihren Kindern aus dem Libanon geflüchtet. Und jetzt hat Lisa die kleine Nada heute zum Kaffee eingeladen. So einfach ist das!"

Tim brummelte noch ein wenig vor sich hin.

Aber der Vater sagte: „Na, das paßt ja ganz gut zum Advent. Dann bekommen wir ja heute Besuch aus der Gegend, wo Jesus gelebt hat. Eigentlich sollten wir uns darauf freuen."

So erfreut sah Tim gar nicht aus. Das konnte ich ganz gut sehen, denn inzwischen war ich völlig wach geworden.

„Ein Mädchen aus dem Libanon", dachte ich mir. „Da gibt es unheimlich viele Esel. Wenn sie mich sieht, wird sie sich bestimmt gleich zu Hause fühlen. Wenn ich auch nur ein Stofftier bin."

Ich wartete gespannt auf den Nachmittag. Wie wird die Nada wohl aussehen? Wird sie vielleicht etwas von meinen Verwandten erzählen?

Nach dem Mittagessen gab es noch einmal Ärger. Tim wollte – so wie letzten Sonntag – die

Flucht ergreifen. Aber das ließ der Vater nicht zu.

„Du warst letzten Sonntag spazieren, als wir Besuch hatten", sagte er. „Heute habt ihr Besuch, da gehen Mutter und ich spazieren."

„Aber was soll ich denn mit so einem fremden Mädchen anfangen?" maulte Tim. „Erstens kenne ich sie gar nicht, und zweitens verstehe ich ihre Sprache sowieso nicht."

„Eben drum ist es besser, wenn du hierbleibst. Du kannst deiner Schwester bei der Verständigung helfen. Es kann ganz schön spannend sein, einen fremden Menschen kennenzulernen."

„Dann hast du auch wieder ein Abenteuer", stichelte Lisa.

„Wieso Abenteuer?" staunte der Vater.

„Ach ja", erklärte Lisa, „letzten Sonntag, als wir auf die Steinhalde geklettert sind, da hat der Tim gesagt: ‚Wenn man etwas macht und nicht weiß, wie das ausgeht und ob man das schafft, dann ist das ein Abenteuer.'"

„Ja, natürlich", sagte der Vater, „da hat Tim recht. Und du hast auch recht, Lisa. Wenn man einen fremden Menschen kennenlernt und auf

ihn zugeht, um ihn noch besser kennenzulernen, dann ist das so etwas wie ein Abenteuer.
Man weiß ja auch nicht, wie das ausgeht und
was man alles entdecken wird. Das kann ganz
schön spannend sein. Und vor allem: Wenn
man dann diesen Menschen kennengelernt
hat, dann weiß man viel mehr als vorher. Ja,
Tim, das wird bestimmt ein Abenteuer heute
nachmittag."

Was blieb Tim da anderes übrig, als zu Hause
zu bleiben? Um halb vier schellte es. Das war
Nada. Ein Mädchen, etwa so alt wie Lisa, stand
plötzlich im Wohnzimmer. Sie hatte pech-
schwarze Haare und eine ganz braune Haut. In
der Hand hielt sie eine Tüte, die sie Lisa gab.
Dann ging Nada auf Tim zu, der sich neben
meiner Schlafkiste niedergelassen hatte. Und
Nada stand vor Tim und streckte ihm ihre beiden geöffneten Hände entgegen. Tim wußte
überhaupt nicht, was er machen sollte. So etwas war ihm noch nie passiert.

„Tim, du kannst ruhig aufstehen und Nada be-
grüßen. Lege deine Hände auf die Hände von
Nada!" sagte Lisa. „Unsere Lehrerin hat uns erklärt, daß man das da, wo Nada herkommt, so

macht. Wenn man einen Menschen zum ersten Mal trifft, dann streckt man ihm die geöffneten Hände entgegen. Das bedeutet: Sieh her, ich habe keine Waffen in meinen Händen. Ich möchte, daß wir Freunde sind. Ich möchte, daß wir uns vertrauen und einander helfen."

Wenn ich kein Stofftier wäre, hätte ich am liebsten vor lauter Lachen „IAAAA" geschrien. So komisch sah das aus, wie Tim, der sonst alles kann und weiß, mit offenem Mund und großen Augen vor der kleinen Nada stand und seine Hände auf ihre Hände legte. Doch in diesem Augenblick hatte Nada mich entdeckt. Sie kniete nieder und legte ihre Arme um meinen Hals.

„Du schau mal, Tim", sagte Lisa. „Nada scheint unseren August zu kennen. Aber jetzt komm an den Tisch! Nada hat uns Gebäck aus dem Libanon mitgebracht."

Schade, denn auch Nada ging an den Tisch und mußte mich deshalb loslassen. Heute nachmittag war nicht viel zu hören von den Kindern, aber dafür eine Menge zu sehen. Nada sprach kein Wort Deutsch, Lisa und Tim verstanden kein Arabisch. Sie verständigten sich mit Händen und Füßen. Und ich hatte den Eindruck: Sie verstanden sich sehr gut. Denn gelacht haben alle drei zusammen ziemlich oft.

„August, komm, ich hab' eine ganz tolle Idee", rief Tim, und dann hob er mich aus meiner Schlafkiste. Das ging alles so schnell und so überraschend, daß ich es gar nicht mehr schaffte, mir mit meinen langen Ohren den Schlaf aus den Augen zu wischen.

„Was hast du für eine Idee?" fragte Lisa. „Doch wohl nicht mit unserem August? Du weißt doch wohl, daß er dir nicht allein gehört. Das ist unser August!"

„Mensch, stell dich nicht so an", sagte Tim. „August wird zum Krippenesel befördert!"

„Wie zum Krippenesel?"

„Ja, heute wird in der Kirche die Weihnachtskrippe aufgebaut. Und du weißt doch: Wir haben letztes Jahr mit einer neuen Krippe angefangen."

„Ach ja", erinnerte sich Lisa, „da fehlte noch eine ganze Reihe von Figuren. Da waren nur Maria und Josef und das Jesuskind."

„Und vor allem fehlte an der Krippe ein Esel!" sagte Tim. „Eine Weihnachtskrippe ohne einen Esel, das ist doch nichts."

„Wie, du meinst wirklich, wir sollten unseren August …?" Lisa starrte ihren Bruder ungläubig an. „Ich soll den August so lange hergeben? Nein, das kommt überhaupt nicht in Frage!"

„Ach nein?" erwiderte Tim. „Auf einmal ist August nur *dein* Esel? Ich dachte, er gehört uns beiden. Und wenn du ihn inzwischen jeden Abend mit in dein Bett nimmst, dann kann ich ihn doch wohl auch mal für ein paar Wochen in die Krippe legen!"

Dagegen konnte nun Lisa nichts mehr sagen. Tim hatte recht. Und ich konnte dagegen auch nichts sagen. Denn erstens bin ich ja nur ein Kuscheltier, und zweitens: „Wer weiß", dachte ich mir, „vielleicht ist das ja gar nicht so schlecht in der Krippe! Jedenfalls kannst du da den ganzen Tag schlafen. Ja, und in die Kirche, von der die Kinder so viel erzählen, komme ich dann auch mal. Und, na ja, das Jesuskind wollte ich immer schon mal kennenlernen und Maria und auch den Josef dazu. Das kann ja ganz interessant werden."

Jedenfalls richtete ich eines meiner Ohren auf, und das andere ließ ich hängen.

Am Nachmittag nahm Tim mich aus meiner Schlafkiste und legte mich über seine Schulter.

Lisa hatte ganz verheulte Augen, als wir das Haus verließen. In zehn Minuten waren wir an der Kirche.

„Ich dachte, um drei Uhr sollte das Krippenaufbauen beginnen", sagte Tim. „Na, dann müssen wir noch etwas warten. Wird schon irgendwann anfangen."

Tim und Lisa setzten sich in die Kirche.

Mich legten sie auf die Bank zwischen sich. Ohne daß Tim es sehen konnte, war Lisas Hand langsam zu mir herübergekrochen und kraulte mich nun hinter dem Ohr, wo ich es besonders gern habe.

Es war ganz still in der Kirche.

Da fragte Lisa leise: „Du Tim, hör mal! Ob das für unseren August auch ein Abenteuer ist, wenn er Esel an der Krippe wird? Ich meine, in der Heiligen Nacht und so. Er weiß doch gar nicht, was da mit ihm passieren wird."

„Keine Ahnung", antwortete Tim, „wie das bei einem Stofftier ist. Aber mir ist auch gerade etwas eingefallen, was mit Abenteuer zu tun hat. Mir ist das Jesuskind in der Krippe eingefallen. So ein kleines Kind kann sich doch nicht wehren, es ist darauf angewiesen, daß Erwachsene ihm helfen, es beschützen. Ja, ich glaube, das ist schon ein ganz großes Abenteuer, daß Gott Mensch geworden ist."

Wieder war es ganz still in der Kirche.

Endlich ging die Tür auf. Die Männer, die die Krippe aufbauen sollten, kamen herein.

„Ja, was wollt ihr denn hier mit einem Stofftier in der Kirche?" fragte einer der Männer.

„Das ist kein einfaches Stofftier", erwiderte Lisa, „das ist August, unser Esel."

„Und er soll in diesem Jahr der Esel an der Krippe sein!" fügte Tim hinzu.

„Was, ihr wollt euren August hergeben für unsere Krippe?" staunte der Pastor, der gerade dazugekommen war. „Das finde ich aber toll von euch, daß ihr auf euren Esel verzichten wollt."

„Nein, nein", redete Lisa schnell dazwischen, „nicht verzichten. Nur für die Zeit, in der die Krippe aufgebaut ist. Danach wollen wir unseren August wiederhaben."

„Ja, natürlich Lisa", beruhigte sie der Pastor. „Wenn die Krippe wieder abgebaut ist, bekommt ihr euren August zurück."

So kam es, daß ich an der Krippe lag. Es war manchmal ganz schön einsam. Und den ganzen Tag schlafen, das kann man selbst als Kuscheltier nicht. Nun, die Männer hatten mir eine ganze Menge Stroh untergelegt, und Lisa hatte das Stroh zurechtgezupft, damit ich es auch schön weich hatte.

Manchmal war es auch nicht so einsam. Dann kam jemand in die Kirche zum Beten. Die Kinder kamen natürlich alle sofort zur Krippe gelaufen.

„Sieh mal", riefen sie, „da liegt ja ein Stoffesel. Ist der süß! Was wird wohl das Jesuskind in der Heiligen Nacht sagen, wenn es zum ersten Mal den Esel da liegen sieht!"

Der Josef mit dem großen Ohr

„So was hab' ich ja noch nie gesehen!" platzte Markus laut heraus. „Das ist ja ein Riesenohr!"
Ich schaute mich in der Kirche um. Aber da war nur eine alte Frau zu sehen. Sie zündete bei der Muttergottes ein paar Kerzen an.
Auf unserer Radtour waren wir an dieser Kirche vorbeigekommen. Weil es sowieso Zeit für eine Pause war, hatten wir vor der Kirche gehalten. Auf der Bank, die da stand, hatten wir unser Frühstück gegessen.
Dann kam Markus auf die Idee: „Eigentlich könnten wir uns ja auch die Kirche ansehen. Wo wir schon mal hier sind!"
Wir betraten die Kirche. Sofort waren wir von einem riesigen Bild gefangen. Es befand sich hinter dem Altar und war mit bunten Farben

gemalt. Ein Mann lag da auf einem Bett oder so etwas ähnlichem, und ein paar andere Gestalten standen um ihn herum. Wir gingen auf das Bild zu. Dann kam der laute Ausruf von Markus.

Wahrhaftig! Der Mann, der da auf dem Bett lag, hatte ein riesiges Ohr. Wir rätselten, was das wohl bedeuten könnte. So sehr waren wir mit dem Bild und mit dem großen Ohr beschäftigt, daß wir nicht merkten, wie die alte Frau uns immer näher gekommen war.

Plötzlich stand sie genau hinter uns.

„So, gefällt euch unser Bild vom heiligen Josef?" fragte sie.

Ich war ganz schön erschrocken.

„Ja, ja, sch… schon", stotterte ich. „Aber das Ohr, das große Ohr!"

„Was paßt euch denn nicht an dem Ohr des heiligen Josef?" fragte die alte Frau.

„So ein Ohr, so ein riesiges Ohr hat doch kein Mensch!" erklärte Markus.

„Ja, was wißt ihr denn überhaupt vom heiligen Josef?" fragte die Frau.

Mensch, da hatten wir uns aber auf etwas eingelassen! Eine Radtour wollten wir in unseren

Ferien machen. Und nun wurden wir ausgefragt wie in der Schule! Aber jetzt konnten wir nicht mehr kneifen.

Ja, was wußten wir vom heiligen Josef? Daß er mit Maria verlobt war. Als er erfuhr, daß Maria schwanger war, wollte er sie wegschicken.

„Und, hat er sie weggeschickt?" unterbrach uns die alte Frau sofort.

„Nein, da war was mit einem Engel."

„Ein Engel erschien Josef im Traum", ergänzte Markus, „und der befahl ihm, Maria bei sich zu behalten. Und Josef gehorchte."

„Gut", sagte die Frau, „Josef hörte also auf den Engel. Und weiter?"

Wir wußten noch, daß Josef dann mit Maria nach Betlehem zog zur Volkszählung. Daß sie dort keinen Platz in der Herberge fanden. Daß dann Jesus geboren wurde. Daß die drei Könige kamen, um Jesus zu besuchen.

„Dann kam wieder ein Engel im Traum", erzählte ich. „Der gab ihm den Befehl, sofort mit Maria und dem Jesuskind nach Ägypten zu ziehen."

„Ja, weil der König Herodes alle Kinder töten wollte!" ergänzte Markus.

„Und was tat Josef?" fragte da unsere Prüferin.

„Josef hörte auf den Engel, natürlich! Und sie zogen nach Ägypten."

„Sehr gut!" lobte uns die alte Frau.

Und sie nickte anerkennend mit dem Kopf.

„Aber ich habe noch eine Frage: Kennt ihr denn ein Wort, das Josef gesprochen hat?"

Markus schaute mich an. Ich schaute Markus an. Sendepause. Nein, wir konnten nachdenken, wie wir wollten: Uns fiel kein einziges Wort ein.

„Fällt euch nichts ein?" freute sich die Frau.

„Euch kann auch gar nichts einfallen! In der ganzen Bibel steht nämlich kein einziges Wort aufgeschrieben, das Josef gesprochen hat. Da steht nur immer: ‚Er hörte auf Gott und gehorchte Gott.'"

„Hat euer Josef deshalb so'n großes Ohr?" fragte Markus.

„Ja", antwortete die alte Frau, „vielleicht hat der Maler deshalb dem heiligen Josef solch ein großes Ohr gemalt!"

Das Licht in der Höhle

„Steh auf, Tino!" Salvatore rüttelt seinen Bruder heftig an den Schultern. „Nun werd doch endlich wach, du Langschläfer!"
Verschlafen reibt sich Robertino die Augen. „Was? Was ist?" stammelt er noch halb im Schlaf.
„Da, schau doch nur!"
Salvatore zerrt seinen kleineren Bruder zum Fenster der Schlafkammer.
„Schau – da am Berg! Da, zur Kapelle hin."
Tino muß zweimal hinsehen. Er traut seinen Augen nicht. Hunderte von Lichtern sind am Berg zu erkennen.
„Was ist da los?" fragt er ungläubig. „Was sind das alles für Lichter?"
Bevor Salvatore antworten kann, hören die bei-

den Jungen den schweren Tritt des Vaters die Treppe hinauf. Dann öffnet sich die Tür.

„Ihr seid schon wach? Ganz von selbst?" staunt der Vater. „Dann zieht euch schnell an!"

„Ja, aber warum denn? Warum sollen wir uns denn mitten in der Nacht anziehen? Wo geht es denn hin?" fragt Tino, der immer noch nicht richtig wach ist.

„Nun frag doch nicht so dumm!" mischt sich Salvatore ein. „Hast du die Lichter am Berg schon vergessen?"

„Ach ja, die Lichter! Was ist mit den Lichtern, Vater?"

„Genau deshalb sollt ihr euch ja anziehen", erklärt der Vater den beiden. „Onkel Luigi war eben da. Er hat uns erzählt, daß Francesco, dieser fromme Mann aus Assisi, heute nacht nach Greccio gekommen ist."

„Francesco von Assisi?" staunt diesmal Tino. „Das ist doch dieser Bettler, von dem die Leute solch wunderbare Dinge erzählen. Und der soll hier sein? In unserer Stadt Greccio?"

„Nein, das ist es ja gerade", unterbricht ihn sein Vater. „Dort oben auf dem Berg ist er mit seinen Brüdern. Dort oben bei unserer Kapelle!

Und fast die ganze Stadt ist schon dorthin unterwegs. Ihr seht ja die Lichter. Los, beeilt euch, sonst bekommen wir gar nichts mehr mit von dem, was sich da oben tut!"

Eilig schlüpfen Salvatore und Robertino in ihre Kleider. Das Schaffell, das sie sonst nur beim Hüten ihrer Herde tragen, binden sie sich fest um ihre Schultern. Am Haustor erwartet sie schon die ganze Familie. Der Vater drückt jedem von ihnen eine Fackel in die Hand. Und schon geht es los – den Berg hinauf. Hier kennen die beiden Brüder jeden Stein und jeden Baum. Wie oft schon sind sie mit ihren Schafen den Berg hinaufgezogen, wenn unten im Tal das Gras abgeweidet war. Heute nacht sind sie allerdings nicht allein. Sie sehen unterwegs viele Bekannte und Freunde. Deshalb merken sie auch gar nicht, wie rasch sie den steilen Weg zurücklegen.

Oben an der Kapelle ist es hell – fast wie am Tag. Alle Leute halten Fackeln oder Laternen in den Händen. Sie drängen sich vor der Höhle, die sich neben der Kapelle befindet.

„Unsere Höhle!"

Tino stößt seinem Bruder in die Rippen.

Da, in der Höhle, in der Tino und Salvatore bei schlechtem Wetter so oft Schutz gesucht haben, da muß etwas Besonderes vorgehen.

Die sonst dunkle Höhle ist von unzähligen Lichtern hell und feierlich erleuchtet. In der Mitte steht auf dem Felsboden eine kleinere, zierliche Krippe aus Holz. Sie wird sonst nur von den Schafen als Futtertrog benutzt. Heute nacht scheint sie eine andere Aufgabe zu haben. Auf der einen Seite der Krippe entdeckt Tino einen lebendigen Ochsen mit einem rosigen Maul und weißen Hörnern. Auf der anderen Seite hockt ein kleiner grauer Esel auf seinen Knien.

Hinter der Krippe und den Tieren befindet sich Francesco aus Assisi mit seinen Brüdern. Sie sind mit graubraunen Kitteln bekleidet – so wie sie die Landarbeiter oder Bettler tragen. Francesco hält ganz vorsichtig ein kleines Kind in seinen Armen. Es ist ein Säugling, und seine Mutter steht in der Nähe der Krippe. Dann legt er das Kind behutsam in die Krippe. Jetzt ist es so still in der Höhle, daß man einen Strohhalm hätte fallen hören können.

„Das Kind von Betlehem!" rufen die Kinder voller Freude.

Sie reißen sich von ihren Eltern los und drängen um die Krippe.

Francesco beginnt zu singen mit einer Stimme, die hell klingt wie eine Glocke: „Gloria – Gloria in excelsis Deo! – Ehre sei Gott in der Höhe!"

Seine Brüder stimmen mit ein in den alten Gesang. Und bald singen alle mit: die Kinder in der Höhle und die unzähligen Erwachsenen, die alle in der Heiligen Nacht des Jahres 1223 aus Greccio den Berg hinaufgezogen sind.

Tino und seine Familie ahnen in dieser Nacht natürlich nicht, daß sie Augenzeugen von der allerersten Darstellung der Krippe von Betlehem geworden sind. Wir haben sie dem heiligen Franziskus von Assisi zu verdanken, den seine Freunde damals alle Francesco nannten.

Il Santo Bambino

Als Giulia mit ihren Eltern und dem kleinen Bruder Sandro von der Via del Corso auf die Piazza Venezia kommt, ist eine leise Musik nicht zu überhören. Und je mehr sich die Familie Umberti dem Kapitolshügel nähert, desto deutlicher hören sie die Musik.

„Daß es heute hier so still ist", erklärt Vater Umberti, „das liegt nur daran, daß in der Heiligen Nacht kein einziges Fahrzeug die Piazza befahren darf. Sonst würden wir hier auf dem verkehrsreichsten Platz Roms vor lauter Hupen, vor dem Schnaufen der Autobusse und dem Quietschen der Bremsen nicht einen einzigen Ton von der Musik mitbekommen."

Endlich stehen sie vor der langen Treppe, die auf den Hügel hinaufführt. Oben sehen sie die schmucklose Fassade einer alten Kirche. Auf der Treppe flackern kleine Hirtenfeuer. Gruppen von Menschen haben sich um die Feuer herum gelagert: Hirten, die jedes Jahr aus den Bergen der Abruzzen zu Weihnachten hinab nach Rom kommen. Auf der Treppe zur Kirche zünden sie ihre Feuer an. Sie singen und spielen ihre uralten Lieder und bringen dem Jesuskind auf dem Kapitolshügel ihre Gaben. Auch ganze Berge von Briefen an das Christkind bringen die Hirten mit von den Kindern ihrer einsamen Bergdörfer.

Giulia und Sandro laufen ihren Eltern voraus die Treppe hinauf. Immer wieder bleiben sie bei den Hirtenfeuern stehen. Andächtig lauschen die beiden der Musik, die sie ja schon unten auf der Piazza leise gehört haben. Ein Hirte spielt auf einer Schalmei. Ein anderer läßt seinen Dudelsack erklingen.

Inzwischen haben Vater und Mutter Umberti die Kinder eingeholt. Gemeinsam betreten sie die Kirche.

„Santa Maria d'Aracoeli heißt diese Kirche", erklärt der Vater den Kindern leise, „Heilige Maria vom Altar des Himmels. Nach einer al-

66

ten Legende soll hier die Sibylle dem Kaiser Augustus gesagt haben, daß der Sohn Gottes geboren ist."

„Was ist das denn: eine Sibylle?" fragt Giulia.

„Nun, die Sibylle, das war eine Frau, die vieles wußte, was andere Menschen nicht wissen: aus der Vergangenheit und der Zukunft, von nebenan und sehr weit weg! Die Sibylle, das war so eine Art Prophetin."

Die Mutter legt jetzt einen Finger auf die Lippen. In der Kirche wird es ganz still. Dann beginnt die große Weihnachtsglocke zu läuten, die nur einmal im Jahr ertönt. Es ist Mitternacht, die Christmette beginnt.

Die Franziskanerbrüder sind in kostbare goldene Gewänder gehüllt und treten zum *Santo Bambino* („Il Santo Bambino" = „das heilige Kind", so nennen die Römer ihr Jesuskind). Das Jahr über ist *Il Santo Bambino* in einer eigenen Kapelle links neben dem Altar aufgestellt. Dort wird es von vielen Menschen aufgesucht, die beten und singen. Und neben dem Jesuskind stapeln sich Berge von Briefen, die Kinder im Laufe des Jahres – vor allem in der Weihnachtszeit – an das Christkind schreiben.

Doch jetzt liegt *Il Santo Bambino* in einer Krippe, die links neben dem Eingang aufgebaut ist. Es ist noch unter einem weißen Schleier verborgen. Ein Mönch nimmt das Kind aus der Krippe und trägt es zum Hochaltar. Dort stellt er es auf den Tabernakel. Der Schleier verhüllt es immer noch.

Dann beginnt ein Mönch genau an der Stelle, wo einst die Sibylle dem Kaiser Augustus die Geburt des göttlichen Kindes weissagte, den berühmten Weihnachtsgesang: „In jener Zeit ging vom Kaiser Augustus ein Befehl aus …“

Danach tritt der Mönch zum *Santo Bambino* und hebt den weißen Schleier empor. Alle Lichter in der Kirche flammen auf. Die goldenen Mosaiken spiegeln den Schein unzähliger Kerzen und Leuchter.

Die Menschen beginnen laut zu rufen: „Vedi il Santo Bambino! Evviva il Bambino Gesù! Seht das heilige Kind! Es lebe das Jesuskind!“

Damit beginnt die feierliche Christmette.

Ein paar Tage später geht Giulia mit ihrer Familie noch einmal nach Santa Maria d'Aracoeli. Jetzt liegt das Jesuskind wieder in der Krippe vorn neben dem Eingang. Gegenüber

der Krippe ist eine einfache Kanzel aufgebaut.
Das ist die Zeit der römischen Kinder. Ein
Kind nach dem anderen darf die Kanzel betre-
ten und dem *Santo Bambino,* dem Jesuskind,
eine Weihnachtspredigt halten.
In diesem Jahr ist Giulias kleiner Bruder an der

Reihe. Tagelang schon hat er zu Hause geübt. Die ganze Familie ist um die Kanzel versammelt. Sandro hält eine Predigt in Reimen. Immer dann, wenn er einmal steckenbleibt, darf Giulia ihm helfen. Sie hat „ihre Predigt" schon vor drei Jahren gehalten und hockt jetzt direkt unter der Kanzel.

Sandro beendigt seine Predigt mit dem alten Ruf: „Evviva il nostro Bambino Gesù! Es lebe unser Jesuskind!"

Und dann klatschen alle begeistert Beifall, die Kinder und die Erwachsenen. Sandro wird zum Lohn mit vielen Küssen und Süßigkeiten beschenkt. Einen Teil der Süßigkeiten aber bringt er zum Jesuskind in der Krippe. *Il Santo Bambino* wird sie weiterverschenken an ärmere Kinder.

Engel ohne Flügel

„Zio, wo bleibst du denn mit dem Mörtel?"
Ungeduldig hallte die Stimme meines Meisters
durch die weite Sixtinische Kapelle. Seit über
drei Jahren saß Meister Michelangelo schon
auf dem Gerüst vor der riesigen Altarwand der
Kapelle des Papstes.

„Kapelle ist gut", hatte ich mir schon oft ge-
dacht, „unsere Pfarrkirche in Florenz könnten
wir gut hier hereinstellen, ohne daß sie irgend-
wo anstoßen würde."

Aber hier in Rom war alles anders, viel größer,
viel prächtiger als zu Hause.

Eigentlich wollte ich gar nicht von zu Hause
weg – mit meinen 14 Jahren.

Aber mein Vater hatte einen Brief von Meister
Michelangelo bekommen, und er sagte mir:

„Maurizio, mein Sohn, wenn du dem größten Maler und Bildhauer, den die Welt kennt, helfen darfst bei dem größten Fresko, das jemals gemalt wurde, dann ist das die größte Ehre, die jemals einem Malerlehrling zuteil wurde. Von der großen Ehre für unsere Familie ganz zu schweigen!"

Was ein Fresko ist, das wußte ich damals schon. Es ist ein Bild, dessen Farben sofort in den noch feuchten Mörtel gemalt werden. Dadurch hält das Bild sehr lange, und die Farben leuchten noch viele, viele Jahre.

„Zio, nun mach doch endlich!"

Wieder riß mich die Stimme des Meisters, diesmal noch ungeduldiger, aus meinen Gedanken. Wenn er mich „Zio" rief, dann war das schon ein schlechtes Zeichen. Eigentlich heißt „Zio" Onkel. Michelangelo hatte meinen richtigen Namen „Maurizio" so abgekürzt. Und er benutzte ihn immer dann, wenn ich wieder einmal träumte oder zu langsam war.

Es war schon ein Kreuz mit dem Meister. Als ich hier anfing, waren wir noch über zehn Gehilfen. Aber alle hatte Michelangelo nach Hause geschickt, weil keiner so gut arbeitete, wie er es sich wünschte. Nur mich hatte er dabehalten; das ist schon eine große Ehre, aber auch viel Arbeit. Die Arbeit von zehn.

„Zioooo …!“

„Meister, ich bin schon da!“

Ich war bereits das halbe Gerüst hochgeklettert, den Trog mit Mörtel auf meiner Schulter.

Oben angekommen, durfte ich eine Fläche von etwa 1 x 1 m mit meinem Mörtel auftragen. Sofort brachte der Meister mit Ruß die Umrisse einer mächtigen Gestalt auf den feuchten Mörtel. Dann begann er ohne Unterbrechung, die Farben in den Mörtel zu malen.

Das hatte ich nun hunderte Male erlebt. Manchmal konnte ich eine ganze Gestalt sehen, die der Meister in den Mörtel malte. Das war aber meist eine kleine Gestalt. Meistens paßte gerade nur ein Bein oder ein Arm auf das Stück Mörtel, das ich aufgetragen hatte, so riesig waren die Gestalten.

Ein paarmal hatte ich schon versucht, meinen Meister zu fragen, wie er denn das „Jüngste Gericht“ darstellen will. Aber das hatte nicht viel Sinn. Michelangelo war dafür bekannt, daß er nicht viel Worte machte. Manchmal sprach er

mehrere Tage überhaupt nicht. Selbst das Essen mußte ich ihm auf das Gerüst bringen. Er ließ sich durch nichts stören, und zwar schon über drei Jahre lang. Niemand durfte die Kapelle betreten, selbst der Papst nicht. Das hatte Michelangelo zur Bedingung gemacht.

Einmal hatte Michelangelo mir auf meine vielen Fragen geantwortet: „Schau in die Heilige Schrift!"

Ich hatte das ein paarmal getan. Ich hatte auch die Stellen gefunden, die über das Jüngste Gericht berichten. Aber so richtig vorstellen, wie das Gemälde wohl werden würde – nein, das konnte ich nicht.

„Meister, hat denn das Jüngste Gericht auch etwas mit Engeln zu tun?" fragte ich neugierig. Michelangelo nahm die Bibel, die er immer bei sich trug und in der er jeden Tag las, aus der Tasche und schlug sie auf.

„Hier steht es", antwortete Michelangelo auf meine Frage. „Hier in der Geheimen Offenbarung des Johannes."

Er hielt mir die aufgeschlagene Heilige Schrift hin.

„Da steht's: ‚Und ich sah: Sieben Engel standen vor Gott; ihnen wurden sieben Posaunen gegeben.' Und hier – noch ein Stück weiter unten: ‚Und die sieben Engel machten sich bereit, die sieben Posaunen zu blasen.'"

„Werden wir dann heute Engel malen, Meister?"

„Darauf kannst du dich verlassen, caro mio – mein Lieber! Und nicht nur heute. Ich denke, die nächsten Wochen werden wir uns ausschließlich mit Engeln beschäftigen."

Er griff zu Pinsel und Farbe. Im linken oberen Halbrund wurde bald eine Schar von Engeln sichtbar.

„Die Engel tragen ja ein Kreuz in den Himmel", rief ich erstaunt.

„Schau richtig hin, Junge!" forderte mich der Meister auf.

Eine ganze Weile stand ich vor dem Bild.

„Ja, du hast recht, Meister. Ich habe nicht richtig hingesehen. Es sieht eher so aus, als wenn das Kreuz die Engel in den Himmel hinaufzieht."

Das gleiche beim nächsten Bild: Da werden die Engel mit der Geißelsäule förmlich nach oben in den Himmel gerissen.

Einige Monate vergingen. Inzwischen hatte sich die Wandfläche schon gut zur Hälfte gefüllt. In der Mitte Christus, der Richter. Um ihn herum in einer gewaltigen Kreisbewegung eine unzählbare Schar von Heiligen und Auserwählten. Unter Christus sah ich wiederum eine Schar von sieben Engeln.

„Meister, das sind doch die Engel aus der Geheimen Offenbarung des Johannes. Die Engel, die zu Beginn des Jüngsten Gerichts die Posaunen blasen!"

„Richtig, Maurizio! Und weil du so gut aufgepaßt hast, darfst du den Engeln nun die Posaunen malen."

Mit Feuereifer stürzte ich mich auf die Posaunen. Ein paar Wochen später bewunderten wir beide – der Meister und sein Schüler – das gelungene Werk.

„Was ist los, Maurizio?"

Michelangelo sah mir an, daß mir etwas auf der Seele lag.

„Ja, ich weiß nicht so recht!"

Ich kratzte mich verlegen am Kopf.

„Heraus mit der Sprache!" forderte mich der Meister auf.

„Ja, die Engel – das sind ja gar keine Engel!"

„Und wieso sind das keine Engel?"

„Ja, ich weiß nicht, Meister, deine Engel, die haben ja überhaupt keine Flügel!"

„Ja und? Was ist so Besonderes daran?"

„Ich meine: Engel ohne Flügel, die gibt es doch gar nicht!"

„Du siehst doch, daß es sie gibt!"

„Ja, aber in der Heiligen Schrift! Da steht doch, daß Engel Flügel haben!"

„Aber es steht dort nicht, wie solche Flügel aussehen, aus was sie beschaffen sind. Ich versuche, die Engel ganz einfach so zu malen, daß man es ihnen ansieht."

„Was ansieht?"

„Man muß den Engeln auch ohne Flügel ansehen, daß sie Boten Gottes sind!"

Wieder stand ich lange Zeit stumm vor dem Bild.

Dann nickte ich zustimmend: „Ja, Meister, du hast recht. Deinen Engeln kann man auch ohne Flügel ansehen, daß sie Boten Gottes sind! Ich weiß zwar nicht wieso, aber es ist so."

„Meister", fragte ich leise, so als wenn ich mich eigentlich gar nicht traute zu fragen, „Meister, ich habe da noch eine Frage: Deine Engel, die Engel ohne Flügel, die sehen ja zumindest auf den ersten Blick aus wie Menschen!"

„Und was willst du fragen?"

„Ja, ich denke mir, wenn man doch Engeln auch ohne Flügel ansehen kann, daß sie Boten Gottes sind, könnte es dann nicht auch bei uns so sein?"

„Wie meinst du das: bei uns?"

„Ich meine: Könnten dann nicht auch Menschen eine Botschaft von Gott bringen? Könnten nicht auch wir …?"

Fast waren sechs Jahre um, da begannen wir, das Gerüst abzubauen. Das Jahr 1541 war fast zu Ende. Am ersten Weihnachtstag befahl mir mein Meister, Festtagskleidung anzuziehen. An diesem Tag fuhren wir mit der Kutsche zum Vatikan. Nachdem wir die Sixtinische Kapelle – unseren Arbeitsort für viele Jahre – betreten hatten, öffnete sich das Hauptportal, und Papst Paul III. zog mit seinem Gefolge feierlich ein. Als sie vor der Altarwand ankamen, riß Michelangelo an einer Leine. Das Tuch, das das Bild verhüllte, fiel herunter.

Um mich herum war es in diesem Augenblick so still, daß man eine Stecknadel fallen hören konnte. Wie erstarrt blickten alle auf das Bild. In vielen Augen konnte ich Bewunderung lesen, in manchen Augen richtiges Entsetzen. Weit aufgerissen starrten sie auf das Bild. Der Papst fiel vor dem Bild auf die Knie. Vor all den Bischöfen und Prälaten – und auch vor mir – bekannte er laut seine Sünden und bat Gott um Vergebung.

Ich mußte mehrmals hinschauen, um das mächtige Bild zu begreifen. Eine gewaltige Farbenpracht, unzählige Gestalten, bekannte Heilige und unbekannte Menschen, voller Leben: so als wollten sie jeden Augenblick von der Altarwand herabsteigen.

In der Mitte Christus als Richter: so furchterregend, daß ich zuerst meine Augen mit der Hand bedeckte und erst nach einiger Zeit wieder hinschaute. Jetzt begriff ich, warum der Papst so erschrocken auf die Knie fiel und seine Sünden bekannte. Christus, der Richter, hatte eine mächtige Gestalt, sein rechter Arm war hocherhoben. Ich sah, wie er die Sünder verurteilt, wie er sie praktisch niederschmettert und sie in die Hölle schickt.

Doch dann sah ich auch, wie Menschen aus ihren Gräbern auferstehen, wie Menschen einander in den Himmel helfen, wie ein Engel einen Menschen mit einem Rosenkranz in den Himmel zieht. Ich sah, daß Maria ohne Angst an der Seite des Richters sitzt und daß die Heiligen sich voller Vertrauen zu Jesus hinwenden.

„Zio, komm!"

Mein Meister zupfte mich am Ärmel. Während die anderen noch erschrocken oder andächtig vor dem Bild standen, stahlen Michelangelo und ich uns leise aus der Kapelle.

Rut und Benjamin

Wie immer, wenn Rut aufgeregt ist, gerät ihr eine Ecke des Tischtuchs wie von selbst in die Finger. Das knubbelt und zerrt sie dann, als wenn sie es ganz zu sich hinziehen wollte. Die ganze Familie sitzt an diesem Freitagabend um den Tisch herum. Da sind außer Rut noch ihr kleiner Bruder Benjamin, ihr Vater und ihre Mutter.

Freitagabend, das ist der Abend vor dem Sabbat, dem wöchentlichen Feiertag, der den Juden heilig ist. Das ist der Abend, an dem der Sabbat begrüßt wird und viele gläubige Familien in Israel um den Tisch zusammensitzen. Da danken sie Gott, dem Schöpfer, und erzählen die heiligen Geschichten ihres Volkes; da sprechen sie von Gott, singen, beten und essen gemeinsam.

Heute erzählt der Vater die Geschichte von Noach.
„Vor vielen, vielen Jahren", so beginnt er, „da
waren die Menschen böse und hatten sich von
Gott abgewandt."

„Bis auf eine einzige Familie, nicht wahr,
Vater?" fragt Benjamin dazwischen. „War das
nicht die Familie des Noach? Die war bei Gott
geblieben?"

„Ja, und sie bauten doch ein riesengroßes
Schiff", weiß Rut. „Und damit konnten sie
überleben, als dann die große Flut kam."

Mutter nickt. Sie ist stolz auf ihre beiden Kinder. Was Rut und Benjamin einmal gehört
haben, das vergessen sie so leicht nicht wieder.
Die Mutter zündet die Öllämpchen an. Das ist
das Zeichen, daß jetzt alle schweigen müssen.

Der Vater beginnt zu reden: „So wird es bei der
Ankunft des Messias sein: Dann wird von zwei
Männern, die auf dem Feld arbeiten, der eine
mitgenommen und der andere zurückgelassen.
Und von zwei Frauen, die mit derselben Müh-
le mahlen, wird die eine mitgenommen und
die andere zurückgelassen. Seid also wachsam!
Denn ihr wißt nicht, an welchem Tag der
Messias kommt."

Einen Augenblick herrscht Stille. Dann spricht der Vater das Dankgebet über das Brot und den Wein und beginnt mit dem Essen. Er bricht jedem ein Stück von dem großen Fladenbrot ab, taucht es in einen Topf mit Kräutern und reicht es Benjamin, dann der Mutter und schließlich Rut. Rut schaut während des Essens ihren Bruder aus den Augenwinkeln heraus an.

„Das hört sich ja schrecklich an", meint sie. „Ich dachte, wir sollen uns auf den Messias freuen!"

„Ja, wenn da welche weggeholt werden – wie bei einer Entführung –, dann muß man ja Angst haben, wenn der Messias kommt", stimmt Benjamin seiner Schwester zu.

„Nein, müßt ihr nicht!" widerspricht der Vater. „Ihr müßt keine Angst vor dem Messias haben. Wenn er kommt, dann zeigt sich, wer zu ihm gehört. Wenn man wachsam ist, wenn man sich auf die Ankunft des Messias vorbereitet, dann muß man keine Angst haben!"

Nach dem Essen stehen Vater und Mutter auf. „Ihr wißt ja, daß Mutter und ich heute abend noch ein paar Häuser weiter zu Onkel Daniel müssen", sagt der Vater. „Es wird sehr spät werden. Wir haben viel zu besprechen. Paßt gut auf, daß nichts passiert. Haltet die Türen gut verschlossen."

Zuerst räumen Rut und Benjamin den Tisch ab. Die Öllampen lassen sie brennen. Eigentlich sollen Rut und Benjamin jetzt ins Bett. Aber was sie heute abend über den Messias gehört haben, beschäftigt sie noch lange.

Allmählich werden sie dennoch müde. Es ist jetzt ganz still im Haus. Manchmal knackt ein Brett auf dem Fußboden, so daß die beiden Kinder zusammenschrecken.

„Ach, das ist doch nur, weil das Holz noch lebt", beruhigt Rut ihren kleinen Bruder. „Es dehnt sich aus, wenn es warm ist. Und es zieht sich zusammen, wenn es wieder kälter wird."

„Wenn das Licht nicht da wäre, dann hätte ich ganz schön Angst!" meint Benjamin.

„Was so ein kleines Flämmchen doch ausmacht", sagt Rut. „Es kann einen ganz dunklen Raum hell machen."

Irgendwie sind Rut und Benjamin am Tisch eingeschlafen. Als die Eltern zurückkommen, ist eine der Öllampen schon erloschen. Der Vater will die Kinder vorsichtig zu Bett tragen. Da schreckt Benjamin auf.

„Was ist", stottert er, „was ist los? Wo bin ich …?"

Verschlafen reibt sich Benjamin die Augen. Von dem Lärm ist Rut inzwischen auch wach geworden.

Die beiden Kinder können ruhig weiterschlafen. Sie müssen keine Angst mehr haben. Jetzt sind Vater und Mutter ja wieder da. Aber sofort können sie doch nicht einschlafen.

Nebenan hören sie noch ihre Eltern sprechen.

„Du, was Daniel da erzählt hat, das mit dem Täufer in der Wüste, ob das wohl alles stimmt?" fragt der Vater.

„Nun, er wußte ziemlich genau Bescheid. Johannes soll er heißen. Er trägt ein Gewand aus Kamelhaaren und einen ledernen Gürtel. Heuschrecken und wilden Honig soll er essen", antwortet die Mutter, „Wenn einer solche Einzelheiten weiß, dann muß an der Sache doch etwas dran sein!"

Damit ist der Vater vorerst zufrieden. Rut hört, wie er sich im Bett umdreht. Dann ist es still.

Am nächsten Morgen sind Rut und Benjamin noch sehr müde.

Trotzdem ist die erste Frage, die Benjamin stellt: „Mutter, was ist da mit dem Täufer in der Wüste?"

Auch Rut schaut neugierig zur Mutter hin.

„Na, ihr beiden", droht die Mutter lachend mit dem Finger, „habt ihr wieder mal zugehört?"

„Sag schon", drängt Rut, „wo ist dieser Täufer Johannes? So weit kann das ja nicht weg sein, wenn Onkel Daniel so gut Bescheid weiß!"

Der Vater schaut augenzwinkernd zu den Kindern hinüber.

„Na ja, eigentlich wollten wir übermorgen mit euch dorthin gehen. Es ist nicht allzu weit. Da, wo die Straße auf den Jordan trifft."

Auf dem Weg zum Brunnen treffen Rut und Benjamin noch ein paar andere Kinder mit Wasserkrügen: Abner und Maria, die Kinder von Onkel Daniel, Gideon und Debora, Anna, David und Nadab. Fast jeden Morgen gehen sie den gleichen Weg. Natürlich wissen Maria und Abner auch von dem Täufer Johannes am Jordan. So sehr sind die Kinder mit dieser Neuigkeit beschäftigt, daß sie die Wasserkrüge und ihre Aufgabe ganz vergessen. Sie haben gar nicht bemerkt, daß sie schon auf der Straße sind, die vom Dorf zum Jordan führt.

„Seht mal die vielen Menschen, wo wollen die denn hin?" fragt Rut auf einmal.

Die Kinder schrecken auf. Vor sich sehen sie eine große Ansammlung von Menschen.

„Wollen die alle den Täufer sehen?" fragt Benjamin.

„Die sind genauso neugierig wie wir", erwidert Abner.

Schnell verstecken sie ihre Wasserkrüge unter einem Strauch. Auf dem Rückweg werden sie sie wieder mitnehmen zum Dorf.

Als sie am Jordan ankommen, können sie zuerst nichts sehen, so viele Menschen sind da. Hören, allerdings, hören können sie Johannes gut.

„Bringt Frucht hervor", ruft der Täufer den Menschen zu, „die eure Umkehr zeigt! Ich mahne euch: Kehrt um von euren bösen Taten! Schon ist die Axt an die Wurzel der Bäume gelegt; jeder Baum, der keine Frucht hervorbringt, wird umgehauen und ins Feuer geworfen."

Endlich hat Benjamin es geschafft! In dem Gedränge hat er sich fast nach ganz vorn durchgequetscht, bis auf eine kleine Erhöhung. Neben einem Baum bleibt er stehen. Nun kann er alles genau sehen. Ja, wahrhaftig! Das muß Johannes sein. Genau wie Mutter ihn beschrieben hatte: mit einem Kamelhaargewand und einem Gürtel aus Leder.

Auf einmal kracht es unter Benjamin, und er befindet sich ein Stück tiefer. Aber er hat Glück im Unglück. Weil die Menschen so dichtgedrängt stehen, fällt er nicht hin. Was ist passiert? Erst jetzt bemerkt Benjamin, daß sein Baum ganz morsch ist. Die Wurzel, auf der er gestanden hat, liegt ganz frei, kaum mehr von Erde bedeckt.

„Schau dir das an!" sagt er zu seiner Schwester Rut, während er die Wurzel vom Boden aufhebt. „Schau dir das mal an, wie morsch die Wurzel bereits ist! Da ist es ja kein Wunder, wenn der ganze Baum auch morsch ist."

„Und er trägt auch keine Früchte", meint Rut, „ganz so wie Johannes es eben gesagt hat."

„Ja, und den Baum kann man fast umkippen!" Benjamin drückt gegen den Baum, der sich gefährlich nach vorne biegt.

„Das kommt nur, weil seine Wurzeln ihn nicht mehr halten."

„Die Wurzel nehme ich mit nach Hause", sagt Benjamin. „Dann können wir Vater und Mutter von Johannes erzählen und berichten, was er über die Wurzel gesagt hat."

Auf Rut und Benjamin wartet zu Hause ein schweres Donnerwetter, weil sie einfach an den Jordan hinausgelaufen und viel zu spät mit den Wasserkrügen zurückgekommen sind. Als jedoch Benjamin seine Wurzel zeigt und Rut fast wörtlich wiedergeben kann, was der Täufer Johannes gesagt hat, ist der Vater doch ein wenig stolz auf die beiden.

Die Tage vergehen. Ab und zu wird noch etwas von dem Täufer erzählt, der immer noch im Land umherzieht und die Menschen zur Umkehr aufruft. Nichts Besonderes passiert, und die Kinder denken kaum mehr an den Täufer und die Wurzel. Bis eines Tages die Nachricht wie eine Bombe in das Dorf platzt: Der Täufer ist verhaftet worden. Er sitzt im Gefängnis.

Von dort gibt es jeden Tag neue Nachrichten über Johannes. Der Vater von Debora ist

Gefängniswärter. Von ihm weiß Debora – und sie erzählt es gleich ihren Freunden weiter –, daß der Täufer auch im Gefängnis unermüdlich predigt. Daß alle Gefangenen still werden, wenn Johannes zu sprechen beginnt.

„Und seit ein paar Tagen spricht der Täufer immer von der Sonne", erzählt Debora. „Daß die Sonne aufgeht, daß alles hell und strahlend ist. Stellt euch vor, das sagt er im Gefängnis, dem dunkelsten Loch im ganzen Land!"

„Und was sagen die anderen Gefangenen?" will Benjamin wissen.

„Die halten ihn für verrückt. Die sagen: ‚Wie kann in diesem dunklen Gefängnis die Sonne aufgehen und alles hell machen!'"

„Ich kann das nicht glauben", meint Rut. „Ich kann nicht glauben, daß der Täufer verrückt ist. Wir haben ihn doch alle gesehen! Sieht so ein Verrückter aus?"

Ein paar Tage später hat Debora ihren Vater soweit bekniet, daß er sagt: „Na ja, was man für seine Tochter nicht alles tut. Eigentlich ist das ja verboten, aber der König hat vorgestern noch gesagt: ‚Am liebsten möchte ich den Täufer wieder freilassen!' Da wird es wohl nicht so schlimm sein, wenn ich die Kinder mal ins Gefängnis mitnehme."

Die Kinder sind alle ganz aufgeregt, als Deboras Vater sie durch den Gefängnishof führt. Es geht in ein Gebäude hinein mit ganz dicken Mauern. Fenster gibt es fast keine, und zuerst können die Kinder überhaupt nichts sehen. Langsam gewöhnen sich ihre Augen an die Dunkelheit. Sie gehen durch lange, feuchte Gänge. Dann bleibt Deboras Vater plötzlich vor einem Gitter aus dicken Eisenstäben stehen. Die Kinder schauen in einen Raum. Ja, wahrhaftig, sie erkennen ihn wieder! Das ist der Täufer vom Jordan! Er liegt da auf einem Berg Stroh und schaut freundlich zu den Kindern herüber.

Zuerst wagen sie gar nichts zu sagen. Doch dann hält es Rut nicht mehr länger aus.

„Wo ist denn die Sonne, von der alle erzählen?" fragt sie den Täufer. „Hier soll eine Sonne sein, hier in diesem dunklen Gefängnis."

Der Täufer lächelt.

„Nein", sagt er, „nicht hier im Gefängnis ..., doch, doch auch hier im Gefängnis! Überall und für alle ist die Sonne aufgegangen. Sie macht die ganze Welt hell."

„Aber ich sehe keine Sonne", mischt sich Benjamin ein. „Wo soll hier die Sonne sein?"

Der Täufer erhebt sich.

„Die Sonne, die aufgegangen ist, das ist der Messias, auf den wir so lange warten. Hört, was geschehen ist: Blinde sehen wieder, und Lahme gehen. Aussätzige werden rein, und Taube hören. Tote stehen auf, und Armen verkündet er die Botschaft vom Heil."

„Wer?" fragt Rut. „Wer macht Blinde sehend und weckt Tote auf? Wer kann das? Wer ist der Messias, von dem du sprichst?"

„Ich habe ihn gesehen", antwortet Johannes. „Ich habe ihn mit Wasser im Jordan getauft. Er ist viel größer als ich. Ich bin nicht einmal soviel wert, daß ich ihm die Schuhriemen aufbinden könnte."

Während Johannes das sagt, leuchtet sein Gesicht. Die Kinder sind ganz still geworden. Ohne ein Wort zu sprechen, folgen sie Deboras Vater aus dem Gefängnis.

Seit dem Tag, an dem die Kinder bei Johannes gewesen sind, fragen sie ihre Eltern immer wieder: „Was ist denn jetzt mit dem Messias, von dem Johannes gesprochen hat? Wird er auch in unser Dorf kommen?"

Und manchmal kann Rut beobachten, wie ihr kleiner Bruder Benjamin zu dem Hügel läuft, der außerhalb des Dorfes liegt. Dort steht er dann eine ganze Weile und schaut in die Ferne.

„Ja, wenn der Messias kommt", hatte er Rut erklärt, „dann wird man ihn doch schon von weitem sehen können. Es werden ja viele Menschen bei ihm sein!"

Natürlich wird jeder Wanderer und jeder Händler, der ins Dorf kommt, von den Kindern mit Fragen gelöchert. Aber keiner weiß etwas, und niemand hat etwas gehört.

Die Kinder haben schon fast alle Hoffnung aufgegeben, als eines Tages ein fremder Wanderer in das Dorf kommt. Er ist sehr weit gelaufen und sehr müde. Er fragt nach einer Herberge. Die gibt es in dem Dorf nicht. Ruts Vater kommt zufällig vorbei. Er lädt den Wanderer in sein Haus ein. Die Mutter gibt ihm zu essen und zu trinken. Sie kommen ins Gespräch.

„Bist du auf deiner Wanderung dem Messias begegnet?" fragt Benjamin den Gast, nachdem er fertig gegessen hat.

„Nein, gesehen habe ich ihn nicht. Aber ich habe da etwas gehört."

Sofort werden Rut und Benjamin hellwach.

„Was hast du denn gehört? Gibt es den Messias? Hat der Täufer doch die Wahrheit gesagt?"

Die Fragen der beiden prasseln nur so auf den Gast herab. Der setzt sich gemütlich zurück und trinkt einen Schluck Wein. Dann beginnt er zu erzählen:

„Vor ein paar Tagen hörte ich am See Gennesaret von einem Mann aus Nazaret. Die Leute nennen ihn den Messias. Er soll Blinde, Lahme und Aussätzige geheilt haben. Er zieht durchs Land und verkündet eine Heilsbotschaft, die auch für die armen und einfachen Leute gilt."

„Genau, wie Johannes gesagt hat", flüstert Rut. Auch Benjamin erinnert sich sofort wieder an die Worte des Täufers im Gefängnis. Der Gast berichtet weiter:

„Er wird Jesus genannt, der Sohn eines Zimmermanns aus Nazaret mit Namen Josef ..."

Bei diesem Namen stockt der Erzähler. Eine Erinnerung durchzuckt ihn. Rut sieht es an seinen Augen. Ein Lächeln huscht über sein

Gesicht ... Erst nach mehreren Augenblicken beginnt er von neuem:

„Gerade ist mir eine seltsame Begebenheit eingefallen, die ich in Nazaret erlebt habe. Es ist schon viele, viele Jahre her. Ich war noch ganz jung – so wie ihr beiden. Da kam ich durch das kleine Dorf Nazaret. Ich machte dort Rast. Ich bekam schnell mit, daß die Menschen dort alle sehr aufgeregt waren. Wie die Hühner liefen sie hin und her. Immer wieder steckten sie die Köpfe zusammen und tuschelten. Endlich wurde es mir zuviel. Ich packte den Erstbesten am Arm und ließ ihn nicht wieder los:

,Zuerst beantwortest du mir meine Frage! Was habt ihr da immerfort zu tuscheln?'

Der Mann wurde ziemlich verlegen. Doch dann erzählte er:

,Da ist der Josef, der Zimmermann unseres Dorfes. Der war sonst immer ein ganz vernünftiger Mann. Auf einmal ist er ganz verändert. Wir haben ihn gefragt, was passiert sei. Zuerst wollte er nicht heraus mit der Sprache. Dann berichtete er zögernd, er habe einen Traum gehabt. Und in dem Traum sei ihm ein Engel erschienen. Der habe gesagt: Josef, Sohn Davids, fürchte dich nicht, Maria als deine Frau zu dir zu nehmen. Sie erwartet ein Kind, und das ist vom Heiligen Geist. Wenn es geboren ist, sollst du ihm den Namen Jesus geben; denn er wird sein Volk von den Sünden erlösen.'"

„Das ist doch", staunt der Vater, „das sind doch die gleichen Worte, die schon der Prophet Jesaja gesprochen hat! Damit hat er doch schon vor langer Zeit den Messias angekündigt! Erzähl!" fordert er den Gast auf. „Erzähl weiter! Was ist noch passiert? Mit Josef, mit der Maria und mit dem Kind?"

„Das weiß ich nicht", antwortet der Fremde. „Ich mußte ja weiter!"

„Hat niemand etwas von einem Licht erzählt? Oder hast du vielleicht damals ein Licht gesehen?"

„Was für ein Licht?" fragt der Gast erstaunt. „Nein, ich habe kein besonderes Licht gesehen dort in dem Dorf."

Der Vater schaut etwas enttäuscht. Dann schließt er die Augen und hält die Hand vor die Stirn. Jetzt spricht er aus der Erinnerung:

„Das sagt auch der Prophet Jesaja: ‚Das Volk, das im Dunkel lebt, sieht ein helles Licht. Über denen, die im Land der Finsternis wohnen, strahlt ein helles Licht auf.'"

Benjamin ist inzwischen sehr unruhig geworden.

„Vater", fragt er, „was soll das denn für ein Licht sein?"

„Ja, eben ein Licht, das in der Dunkelheit leuchtet. Mehr weiß ich auch nicht."

„Wie so ein Stern vielleicht?" fragt Rut.

Der Vater nickt.

„Ja, dieses Licht kann sein wie ein Stern. Es muß so sein, als wenn ein einziger Stern allein eine ganz dunkle Nacht hell macht."

Da ergreift der fremde Wanderer noch einmal das Wort:

„Ja, jetzt erinnere ich mich: Kurz darauf kam ich in eine andere Gegend. Da erzählten die Menschen von einem neuen Stern, der aufgegangen sei. Das ist jetzt aber schon etwa dreißig Jahre her."

„Jesus von Nazaret und der Traum des Josef, das Licht und der Stern – ob das alles wohl zusammengehört?" fragt Rut nachdenklich.

Benjamin aber meint: „Wenn ich groß wäre, würde ich losgehen und so lange suchen, bis ich den Messias gefunden hätte!"

Licht für die Menschen

Eva und Patrick sitzen an den Hausaufgaben. Da geht die Tür auf, und die Mutter stellt jedem der beiden ein Tellerchen mit Karamelpudding auf den Tisch.

„Weil ihr soviel Hausaufgaben aufhabt", sagt sie dabei, „braucht ihr bestimmt eine kleine Stärkung."

„Das ist ja ganz toll, Mama", ruft Patrick, „ich wär' auch vor Schwäche fast schon vom Stuhl gefallen!"

Und Eva meint: „Du hast auch wirklich immer die besten Ideen."

„Ja, manchmal gelingt das", freut sich die Mutter und will das Zimmer verlassen.

„Ach, da fällt mir noch etwas ein, Eva! Mußt du nicht heute abend die Messe dienen?"

„Wieso heute abend? Mitten in der Woche? Wo ist der Meßdienerplan?"

„Da, wo er immer ist", sagt Patrick. Und er reicht seiner Schwester den Plan herüber.

„Ja, wirklich", sagt sie, „da steht es! Mittwoch, 2. Februar: Fest der Darstellung des Herrn, Abendmesse um 19 Uhr. Mensch, sind da viele Meßdienerinnen und Meßdiener aufgestellt! Was ist denn da so Besonderes?"

Die Mutter erklärt: „Früher nannte man diesen Tag ,Lichtmeß' – das hat etwas mit Licht zu tun. Versuch dich doch mal zu erinnern, Eva. Ich meine, du hast letztes Jahr auch gedient. Da warst du doch so begeistert wegen der Lichterprozession."

„Ach ja, sicher", erinnert sich Eva, „das ist doch der Gottesdienst, in dem die Kerzen für das ganze Jahr geweiht werden und in dem wir eine Lichterprozession durch die Kirche gemacht haben."

Patrick ist mit seinem Karamelpudding fast fertig. Er schielt hinüber zu Evas Teller.

„Lichterprozession, was ist das denn? Ist das so was wie eine Lichterkette?" fragt er. „Und warum wird das gemacht?"

„Ich bin ja gerade dabei, euch das zu erklären. Also! Wir denken an diesem Tag daran, wie Maria und Josef Jesus als Baby in den Tempel brachten, um ihn Gott zu weihen. Da war ein alter Mann, der hieß Simeon. Und der hatte sein ganzes Leben lang auf den Messias gewartet. Jetzt, als Jesus in den Tempel gebracht wurde, nahm er das Kind in seine Arme und lobte Gott, weil er das noch erleben durfte. Und er nannte Jesus: Licht, das die Heiden erleuchtet."

„Ach deshalb ist die Lichterprozession oder wie das heißt und die Kerzenweihe. Jetzt versteh' ich das!" meint Patrick. „Aber, da war doch letztes Jahr noch so was mit Lichtern am Schluß der Messe. Da hat der Pastor zwei Kerzen so komisch durcheinandergehalten und jeden gesegnet. Und dabei hat er immer so etwas gesagt wie ‚Blasen', und ich habe mich gewundert, daß keiner die Kerzen ausgeblasen hat."

„Du mußt dir mal die Ohren waschen, bevor du heute abend in die Kirche gehst", rät ihm Eva. „Dann wirst du auch hören, daß der Pastor nichts von ‚Blasen' sagt, sondern von einem Bischof Blasius."

„Ja, das ist der Blasiussegen", ergänzt die Mutter. „Weil am 3. Februar der Namenstag des heiligen Bischofs Blasius ist, bitten wir ihn schon am Abend davor um seine Fürbitte, daß Gott uns vor Halskrankheiten beschütze."

„Ahhh, jetzt erinnere ich mich wieder! Letztes Jahr ist doch so eine komische Sache passiert. Da hat ein Mann den Segen bekommen, dann hat er sich umgedreht und wollte durch den neuen Seiteneingang hinausgehen. Dann hat es ,Rummms' gemacht, und er ist mit seiner Nase gegen die Glastür gerannt. Und als er sich beschwert hat, da hat unser Pastor gesagt, der heilige Blasius sei nur für Halskrankheiten zuständig und nicht für die Nase!"

„Du erinnerst dich ja ganz gut", sagt die Mutter, „vor allem an die unwichtigen Sachen."

„Moment mal", widerspricht Patrick, „ich erinnere mich auch an wichtige Sachen. Ist nicht genau heute vor einem Jahr unser Stefan getauft worden? Und sind wir nicht nach der Taufe mit ihm zum Uropa gegangen, um ihm Stefan zu zeigen? Und hat der sich nicht genauso über Stefan gefreut wie damals der alte Mann im Tempel?"

102

„Ja, aber ‚Licht, das die Heiden erleuchtet' hat er Stefan nicht genannt", wendet Eva ein.

„Und warum nicht?" fragt Patrick. „Warum soll unser Stefan kein Licht sein? Heiden gibt es doch auch heute jede Menge."

„Ja, genau", unterstützt Eva ihren Bruder, „und wir haben doch an allen Adventssonntagen über Geschichten aus der Bibel gesprochen, in denen Gott etwas mit Kindern tut."

„Ja, und heute tut er wieder etwas mit einem Kind – mit einem besonderen Kind –, mit seinem eigenen Sohn", erklärt die Mutter. „Er sendet ihn als Licht in die Welt."

Patrick läßt nicht locker: „Und was ist mit Stefan? Wir haben doch an den Adventssonntagen auch immer gefragt, was Gott wohl mit unserem Stefan vorhat. Kann er ihn nicht auch zu solch einem Licht machen?"

„Ja, warum eigentlich nicht?!" gibt die Mutter Patrick recht. „Vielleicht will Gott unseren Stefan auch zu einem Licht machen: zu einem Menschen, der so freundlich ist zu anderen Menschen und so hilfsbereit, daß er anderen das Leben ein wenig heller macht …"